Le Progrès

et

l'Apparence du Progrès

A un complimenteur j'ai dit :
Je ne suis qu'un Aiglon....

E. T.

PRIX : 1 Fr. 50

THONON-LES-BAINS
A. DUBOULOZ, Éditeur

PRÉFACE

C'est en Haute-Savoie, dans la petite
ville de six mille habitants de Thonon-
les-Bains que je commence ce nouvel
opuscule.

Depuis notre adolescence, le sort nous
avait réservé des endroits plus peuplés
pour y asseoir notre domicile, mais revenu
des futilités de ce monde, la vie glisse ici
rapidement sur notre front, même au
milieu des monotones journées de l'hiver,
dont un mois et quelques jours nous sépa-
rent.

C'est que confiné souvent dans notre
cabinet de travail, plongé dans nos lectu-
res et dans nos notes, à la recherche d'un
idéal politique impossible à réaliser, nous

échappons ainsi aux mille soucis que se préparent tous ceux qui vivent trop en dehors de leurs pensées du foyer.

Les bons livres ne sont-ils pas les meilleurs amis?

On les prend, on les quitte, on les reprend, ils vous font toujours bon visage, et plus on apprend à les connaître, en les appréciant chaque jour davantage, plus on apprend à les aimer.

Les yeux fixés sur le voile lourd et impossible à soulever de l'avenir, nous voudrions relier au moins sur les points dégagés de scories le passé à l'avenir, en démontrant à ceux qui ont des préventions contre ces tentatives de rapprochement et de soudure, que bien avant 1789, la terre de France a produit des hommes qui ont semé de bons principes et ont été utiles à la marche du progrès.

Pour arriver à ce but désiré, destiné à pacifier les esprits, en les éclairant, nous allons commencer par essayer de faire voir notamment, qu'avant la Révolution, les lumières de la philosophie brillaient déjà au firmament littéraire de notre pays, surtout dans cette branche de la philosophie qu'on nomme l'ontologie.

Quand nous aurons rapporté cette preuve, tout à l'honneur des siècles écoulés, nous aurons à nous demander si les méthodes de rénovation employées de nos jours, en vue du progrès, ne font pas trop radicalement table rase de tout ce que nos pères ont fait, en le tenant pour nul et non avenu.

Que nos lecteurs en voyages — ou sédentaires — ne s'effarent pas : En nous livrant à cette étude un peu grave, mais intéressante, nous essaierons de n'être ni *morose, ni gourmé, d'autant plus que cette étude sera un résumé qui tiendra dans quelques chapitres, pour nous permettre ensuite de traiter utilement du sujet qui fait le titre de cet opuscule.*

11 Novembre 1907.

Edouard Targie.

CHAPITRE I

Deux expressions reviennent souvent dans les œuvres des philosophes de l'ancien temps : *Substance, essence*.

L'ontologie, cette branche de la philosophie, veut dire : Science des êtres.

Par êtres, l'on doit comprendre non seulement tout ce qui est pourvu d'un souffle de vie, mais encore tout ce qu'on peut voir, toucher, sentir et entendre dans les trois règnes de la nature : Un homme, un cheval, un arbre, un morceau de fer, une pierre, sont des êtres, et chaque être a sa *substance* à lui. Il y a mieux : Il y a aussi les êtres intellectuels, tels que la raison humaine, l'étendue ou l'espace, le temps ou la durée : à chacun correspond une substance particulière. Dans le système ontologique, on englobe sous l'appellation d'être tout ce qui est organique seulement, tout ce qui vient de la nature. Un jouet créé par la main de l'homme ne serait pas un être, mais en constituerait un, un minerai, extrait ou non de la mine, une pierre, extraite ou non de la carrière, un arbre, déraciné ou non ; ne seraient pas regardés comme des êtres, au contraire, un cadavre d'homme ou d'animal, ou un résidu de reptile ou d'insecte ayant cessé de vivre.

Ainsi, vous, Monsieur, qui allez passer votre baccalauréat dans six mois et qui vous occupez un peu de ces questions, vous n'avez qu'un seul corps, et pourtant, au point de vue ontologique, vous représentez deux êtres : Un être corporel, quant à votre corps, et un être intellectuel quant à votre esprit. Heureusement, Monsieur, les Compagnies de Chemins de fer ne se doutent pas de cela ; autrement, elles vous feraient payer double place, quand vous allez en voyage.

A notre sens, les animaux, ces *frères* inférieurs, que nous devons aimer et bien soigner, représentent aussi une partie double : Un être corporel, quant à leur enveloppe charnelle, un être d'instinct, si nous pouvons dire ainsi, quant à ceux de leurs actes exclusifs, d'un pur mécanisme, inconscient... comme tout mécanisme !

Il va de soi qu'un morceau de fer ou de cuivre, de pierre ou de bois, etc., sont simplement des êtres corporels.

Dans cette métaphysique, nous l'avons dit, à chaque être correspond sa substance particulière.

La substance et l'essence — la substance surtout — qui se doivent distinguer l'une de l'autre, sont un peu difficiles, mais non pas impossibles à comprendre.

Pour Descartes, le grand philosophe et mathématicien du dix-septième siècle, et pour les cartésianistes, la substance d'un être ou d'un corps organique, c'est ce qui est invariable, c'est ce qui ne varie pas, *en soi*, dans chaque être : c'est en dernière analyse, si l'homme avait des instruments assez puissants pour diviser la matière indéfiniment, l'atôme invisible et indivisible, échappant au scalpel, à cause de son extrême petitesse.

La substance de l'esprit, c'est l'esprit lui-même.

La substance est le sujet, en quelque sorte, autour duquel viendront se grouper des attributs.

Ce sont ces attributs, ces manières d'être,

de fonctionner, qui constituent l'*essence* de la substance.

Essence et substance sont dans le même être, *choses différentes*, mais des philosophes les ont confondues (1). peut-être à tort.

Quelques exemples feront comprendre la signification de l'essence dans un être qui lui est propre.

Ainsi, d'après Descartes. l'essence de l'esprit. de l'âme, c'est la pensée.

Cela nous paraît profondément vrai ! Sauf les cas de folie — ou de sommeil peut-être —, l'esprit. toujours en éveil, est toujours en pensées. Sa fonction, son essence est de penser. comme la fonction de l'eau est de couler.

Quelle loi métaphysique admirable ! L'on

(1) Confondues..., du latin cum fundere, c'est-à-dire mélangées, ou mieux, identifiées l'une à l'autre.

pourrait seulement lui adresser ce léger reproche : C'est qu'il est rudement fâcheux, parfois, d'écouter les propos fastidieux d'un bavard inlassable, qui ne peut pas s'arrêter de... *penser*?...

L'esprit pense de lui-même, mais par l'intermédiaire du cerveau.

N'allez pas croire que c'est le cerveau qui secrète la pensée. Cela ne signifie rien!

Quant à l'essence des corps, selon Descartes, c'est *l'étendue*, c'est-à-dire l'occupation d'une place dans l'espace.

Voilà, Madame, une loi philosophique, et même mathématique, qui doit bien vous gêner, quand l'été, en voyage, dans un compartiment complet, moins une place, un gros Monsieur vient asseoir auprès de vous son *étendue* pleine de rotondités...

A cet instant, vous aimeriez mieux que *l'essence* des corps fut l'extrême platitude?

Mais quel remède apporter à cela? Même si tout corps était mince comme une feuille de livre, il pourrait toujours empiéter sur un autre corps voisin, encore plus ténu, car tout ce qui n'est pas l'*Esprit pur*, et même le *spiritus* humain, est forcément soumis aux *lois* des trois dimensions : Longueur, largeur, hauteur, pour les dénommer suivant le langage mathématique.

Ontologie vient de deux mots grecs francisés : De onto, moins le sigma, et de logos, dont les deux lettres dernières se sont changées en ie.

Très littéralement traduites, ces deux expressions soudées ensemble signifient : *Des étants science*, et mieux, sans inversion, science des étants, et mieux encore science des *êtres*, c'est-à-dire de tout ce que la *Nature* même tire de son inépuisable sein, à l'état pourvu de vie ou à l'état inanimé.

On le voit par l'étymologie, l'ontologie n'est pas née au dix-septième siècle, avec Descartes et avec Leibniz, elle nous vient, elle descend du ciel tout bleu de l'Hellade antique et inspirée !

Platon et Aristote se sont occupés de l'ontologie ; ils ont aussi distingué la *substance de l'essence*, contrairement à nombre de philosophes, de valeur pourtant, qui considèrent, à tort peut-être, ces deux expressions comme synonymes.

La *scholastique*, cette école du passé de la terre de France qui naquit sous les premiers successeurs de Charlemagne, aux temps du moyen-âge, différencia aussi la compréhension de ces termes.

Un exemple du chapitre suivant nous démontrera que si cette substance mystérieuse, cette substance en *soi*, échappe à la portée de nos sens qui ne peuvent ni la voir, ni la toucher, elle est pourtant *aperceptible* par la lueur de notre raison.

Quant aux êtres pourvus de vie, tels que les hommes et les animaux, *pour ce qui a rapport à l'esprit ou à l'instinct*, l'idée de substance est très compréhensible : La substance, c'est l'esprit même, ou l'instinct même.

L'essence de la substance spirituelle, nous la connaissons, c'est la pensée ; l'essence de la substance instinctive, à notre avis, ce serait la mise en œuvre des facultés inspirées par l'instinct.

CHAPITRE II

Nous sommes au commencement de décembre 1907 et pourtant je rêve que nous sommes en la belle saison, ce qui m'arrivera quelque fois :

Quel beau temps ! Nous sommes en plein été, au mois de juillet. Permettez-moi de vous adresser quelques mots, Monsieur, vous que j'aperçois d'ici dans un train venant d'Annemasse, à destination d'Évian-les-Bains où vous allez passer six semaines...

Je vois avec plaisir que vous tenez mon opuscule entre vos mains, et que sa lecture vous rend songeur...

Allons, laissez un instant ma dissertation, pour vous reposer un peu la tête : Vous verrez qu'avec un peu de persistance, vous deviendrez comme moi, un philosophe au petit pied, amateur et sans façons...

Tenez, justement, le train se met à siffler, en ralentissant un peu sa marche, vous approchez d'Evian, vous arrivez à la station d'Amphion-les-Bains... Quel beau coup-d'œil, hein, des hauteurs de cette voie ferrée sur le panorama du lac de Genève, sur la baie aux eaux bleuâtres de ce coquet village... sur le *creux* d'Amphion, comme disent les Savoyards de cette baie, ainsi que des autres baies du littoral.

Les philosophes — surtout les *Kantistes* — appellent aussi *noumènes* les attributs principaux et même la *substance en soi;* il faut bien se garder de confondre les noumènes avec les *phénomènes*, qui sont des attributs secondaires, des faits transitoires et accidentels.

Le phénomène est un fait extérieur qui tombe sous les sens.

Le noumène, nous le rappelons, ne peut être compris que par la raison pure, sans démonstration matérielle ou tangible, puisqu'il est la substance en *soi*.

Dans les corps, par exemple, les attributs principaux sont l'étendue, car on ne voit pas du tout comment pourrait être un corps, s'il n'avait pas une longueur, une largeur et une hauteur, c'est-à-dire un espace ou une étendue se profilant en trois sens plus ou moins limités, car les corps ne sont pas *toute* l'étendue, comme on a voulu le faire penser à Descartes, mais sont *dans* l'étendue ou dans l'espace; le corps aura sans cesse une étendue, quelque grande ou quelque petite qu'elle devienne : Voilà le noumène. Mais que cette étendue se réduise du volume d'un éléphant au volume d'un dé à jouer, ou s'augmente à l'inverse, voilà l'attribut variable et secondaire, sans importance pour les ontologistes : Voilà le phénomène !

Qu'un chimiste prenne un morceau de fer et le réduise en fusion, le métal deviendra liquide, il aura perdu ses propriétés de l'état solide, mais ce sera toujours du fer, quant à la substance en soi ; il sera encore le sujet *identique* que le chimiste avait saisi dans ses mains, il y a plusieurs heures, le sujet identique de *propriétés changeantes*.

Qu'il se refroidisse, il reviendra à l'état solide, il redeviendra ferme ; donc, même liquide, sa substance en soi n'avait pas cessé d'être du fer : C'est encore un noumène !

Au point de vue de la raison humaine, la substance en soi, le noumène, c'est l'esprit lui-même.

Notre conscience nous atteste, en effet, qu'à tous les âges — à moins d'être devenus gâteux — nous sentons en nous l'identité de notre raison; il ne viendra jamais l'idée à personne de penser qu'à l'âge de quinze ans, il ne possédait pas la même raison *en soi* que celle qui l'anime, à présent qu'il a trente ans : cette raison a pu se modifier, elle ne s'est pas renouvelée entièrement.

En elle, à travers les années, a duré et résisté la substance en soi, le mystérieux noumène !

Qui a déposé dans les êtres — il faut sans cesse comprendre cette expression dans le sens ontologique — ces principes merveilleux de durée, d'invariabilité et d'identité ?...

Vous vous taisez, Monsieur, de plus en plus songeur, et vous avez raison, car si vous m'aviez répondu : C'est le hasard, je vous aurais répliqué en riant : Ne dites donc pas des bêtises !

Les expressions *noumène* et *phénomène* s'emploient surtout dans le Kantisme ou système philosophique de Kant...

CHAPITRE III

UNE DIGRESSION...

À cet instant, je laisse mon porte-plume — en ivoire, s'il vous plaît —, et par nous acheté il y a quelque vingt ans, sur le boulevard, dans le *passage des Princes*, à Paris, puis je consulte mon calendrier encarté sur un carton gris, à la bordure dorée, et agrémenté d'une gravure représentant sous la figure d'une jeune déité, une source qui s'écoule à travers un sentier de rochers. — 18 décembre 1907...

Nous nous disons — avec résignation d'ailleurs, — car chaque instant qui s'enfuit est de la vie qui s'en va goutte à goutte, que le temps passe joliment vite...

En effet, nous sommes à notre bureau de travail depuis quatre heures du matin, et emporté, hypnotisé en quelque sorte par le sujet que nous traitons, il nous semble que les heures se sont fondues aussi rapidement dans le Temps qu'autant de légères hirondelles évanouies dans l'Espace...

Quelle heure est-il donc ?... Notre montre nous répond : Deux heures de l'après-midi.

Quel temps fait-il?...

Nous nous approchons d'une fenêtre, nous soulevons un peu les rideaux, et nous constatons avec plaisir que s'il fait très froid, le temps est ensoleillé, c'est-à-dire que le ciel tout bleu, et sans nuages, est d'un *seul saphyr*, pour *chiper* cette jolie expression au poète Leconte de Lisle, qui fut de l'Académie Française.

Nous devenons songeur et nous pensons : Et dire que ce même jour, à la même heure, peut-être dans la même région où nous sommes, il se trouve des centaines d'oisifs fortunés qui, ne sachant que faire de leur pauvre corps, baillent à s'en décrocher la mâchoire !

Je les plains du fond de l'âme !

Comme leurs cervelles doivent être vides de pensées et d'idées !

Qui sait pourtant, si ma compassion, trop bénévole, ne porte pas à faux !

L'Écriture sainte n'a-t-elle pas dit de ceux dont je parle : Heureux les pauvres d'esprit.....

En effet, ne pas penser, c'est ne pas être exposé à se tromper ou à tromper quelqu'un ; par suite, c'est demeurer dans la quiétude ; — et le repos de la pensée — comme du corps, c'est sans doute le bonheur ?...

Oui, mais voilà le *hic :* Nous ne pensons

pas que l'écriture vise ces désœuvrés, quand elle formule de tels enseignements...

Les pauvres d'esprit de l'histoire sainte ne sont pas des *fainéants*, ce sont seulement des *humbles,* sans aucun grain d'orgueil, vaquant, le cœur content, à des occupations manuelles, comme ces deux pâtres du tableau d'Edouard Millet, délaissant un instant la fourche à remuer la terre, au premier tintement de l'*Angelus*, pour réciter dans le champ qui s'étend à perte de vue une muette et fervente prière !...

Mais la pensée sacrée est plus généreuse encore : car ces résignés auront mieux que bonheur sur terre, ils auront en outre, dans l'éternité, la possession du royaume des cieux !

CHAPITRE IV

Un autre grand philosophe, mathématicien comme Descartes, et venu au monde des savants après lui, a énoncé sur l'ontologie des principes restés fameux, et plus précis que ceux de son célèbre devancier, sur les notions de substance et d'essence.

Nous voulons parler de Leibniz, né à Leipsick en 1646 et mort à Hanovre en 1716, du premier philosophe de vaste envergure qu'ait possédé l'Allemagne.

Avant Leibniz, de savants métaphysiciens, tout en rendant hommage au savoir et aux sentiments élevés de Descartes, avaient cru voir un péril dans sa doctrine que la pensée était l'essence de l'âme.

Selon eux, cette doctrine identifiait l'âme

avec la pensée et niait implicitement l'immortalité de l'âme, puisque la pensée est transitoire comme la vie !

Reproches injustes, craintes chimériques !

Aucun homme éclairé et de bonne foi ne pouvait interpréter ainsi les enseignements du Cartésianisme qui avait toujours distingué, sans les confondre, la substance en soi de l'esprit, de son essence.

Avant Leibniz également, les mêmes métaphysiciens reprochaient à Descartes d'avoir identifié les corps ou la matière avec l'espace ou l'étendue qui est immatérielle.

Reproches non mérités !

Descartes n'a pas enseigné que les corps étaient l'étendue ! Sa doctrine sur l'essence des corps se réduit à ceci, à notre avis : Les corps ont une étendue, en haut, en long et en large, mais ils ne sont pas toute l'étendue ou *tout l'espace*, puisque nous les voyons, puisque nous les percevons dans l'étendue, dans l'espace !

Leibniz avait commencé par adopter les idées des cartésiens, et il a écrit quelque part avec loyauté : « La philosophie carté- « sienne est l'antichambre de la vérité, et « il est difficile de pénétrer bien avant sans « avoir passé par là... ».

Plus tard, il devint le détracteur de Descartes, mais avec des arguments solides et dans les termes de la plus parfaite convenance !

Il entreprit donc de présenter au monde des savants son ontologie à lui...

Dans l'une et l'autre métaphysique, la compréhension du mot *être* est la même.

Mais voici où commencent les divergences :

Pour Descartes, chaque être a sa substance en soi particulière ; pour Leibniz il n'y a qu'une substance, commune à tous les êtres, c'est la *force*.

Pour Descartes, l'essence des corps est l'étendue, et celle de l'esprit, la pensée ; pour Leibniz, la matière et l'esprit ont la même essence, c'est l'*activité*.

Selon Descartes, le noumène, toujours identique à lui-même, réside dans la substance en soi, selon Leibniz, le noumène invariable est dans l'essence, dans l'activité, car la force, inégale dans les êtres, est une substance causatrice d'activité et cette activité est toujours identique à elle-même, dans la proportion de la force initiale déposée dans chaque être.

Mon Dieu ! Tout cela nous paraît d'une doctrine très puissante !

CHAPITRE V

Vous êtes bien d'avis, n'est-ce pas, Monsieur, vous qui me lisez en ce moment, par un beau jour d'été, sous les ombres protectrices de l'allée des platanes du quai de *Blonay*, à Evian-les-Bains, que la *force* est la substance de l'âme ?

Vous ne voulez pas me répondre, soit, je vous demande mille pardons...

D'après Leibniz, l'âme ne saurait se réduire à la pensée seulement, car notre conscience atteste qu'elle a de l'empire sur le corps à des degrés divers : Donc, c'est une force !

Sans doute, mais rien ne prouve que Descartes, malgré son imprécision sur la substance spirituelle, ait songé à nier cette vérité, vieille comme le monde !

Effectivement, si le cartésianisme avait entendu réellement assigner à l'âme la seule fonction de penser, on pourrait lui objecter que dans ce cas, elle eût été sans force pour agir sur le corps et lui imprimer ses directions, ce qui est contraire à l'évidence, à notre sens intime !

Quand aux corps, d'après Leibniz, ils ne peuvent non plus se réduire à l'étendue, parce que : « L'étendue n'est autre chose « que la continuation, la diffusion d'une « substance présupposée qui fait effort et « qui résiste ; il s'en faut donc qu'elle soit « elle-même une substance ».

En effet, dans les corps, d'après les cartésiens, la matière divisée indéfiniment, mais non pas entièrement, car l'atome infiniment petit, échappe par sa ténuité à

l'optique et aux instruments de l'homme,
la matière, en dernière analyse, a pour
substance en soi cet atome même, invariable, irréductible et impénétrable.

D'après cette définition, l'espace ou
l'étendue qui se laisse pénétrer et *diffuser*,
serait-il aussi la substance en soi !

Évidemment non !

CHAPITRE VI

— Voyons, Monsieur, puisque vous con-
tinuez de me lire avec grande attention,
j'ai l'honneur de vous demander pour la
seconde fois si vous pensez bien, vous aussi,
que la force est la substance de l'âme ?...
Vous hésitez, vous balbutiez, vous dites que
vous ne savez pas... Si fait, Monsieur, vous
savez ! Mon petit doigt me l'a dit... Tenez,
c'est encore assez récent... pas plus tard
que l'hiver dernier, vous qui ne pouvez pas,
dites-vous, sortir du lit avant dix heures
du matin, vous vous êtes levé une belle
matinée à six heures précises, parce que
la veille des amis, un peu farceurs, avaient
parié contre vous que vous en étiez incapa-
ble... Hein, la volonté, la force de l'âme !

Voyons, ne rougissez pas jusqu'aux oreilles... jusqu'au blanc des yeux... ne vous *confusionnez-pas* ainsi, comme dit ma laitière... Je ne serai pas sévère pour vous ! Je sais fort bien que c'est seulement l'hiver que vous faites la grasse matinée, quand il gèle ! Au surplus, c'est votre droit, tout votre droit ! Je vous pardonne de grand cœur, mon cher Monsieur, croyez-le bien, et je le fais d'autant plus volontiers que cela ne me regarde pas du tout... Seulement, vous comprenez, il me fallait une confirmation de l'exactitude de la doctrine de Leibniz, au moins en ce qui concerne la substance de l'esprit ! Vous vous êtes en quelque sorte commandé impérieusement d'être matinal... et vous avez obéi !

Notons en terminant ce résumé sur l'ontologie de Leibniz, que ce puissant métaphysicien ne manque pas de faire remar quer que si l'étendue était l'attribut fondamental, ou l'essence des corps, la matière serait dans une incessante fluidité, sans aucune solidité ni fixité, puisqu'il est avéré que les molécules des corps sont sans cesse en mouvement.

Or, il n'en est rien : malgré le mouvement constant de ses agrégats, elle a quelque chose de fixe et d'une certaine durée ; il est donc rationnel de soutenir que loin d'être son essence, l'étendue est tout l'opposé de son essence, qui consiste et ne peut consister qu'en la force qui attire ses molécules les unes vers les autres !

Quelle puissante métaphysique ! Mais quelle que soit la préférence qu'on accorde à l'une ou l'autre ontologie, l'on doit se dire que si Leibniz a fourni de pareils coups d'aile, c'est à Descartes qu'il le doit.

Descartes a été l'échelon qui a permis à Leibniz de gravir un échelon plus élevé.

La métaphysique de Descartes et de Leibniz a jeté des torrents de lumière et de progrès sur le milieu et la fin du dix-septième siècle, brillamment clôturé par les écrits de Leibniz.

Etablir, comme ils l'ont fait, par la valeur du raisonnement, qu'il y a en nous et dans la nature entière des *noumènes* cachés, toujours identiques à eux-mêmes, c'est avoir démontré que l'univers est soumis à des lois, et par suite, qu'au-dessus de ces lois, qui ne peuvent s'être créées toutes seules, resplendit un législateur mystérieux !

De cette étude sur deux grands hommes du passé, nous nous croyons autorisé à tirer la maxime suivante, en quelque ordre de sciences que ce soit :

Nous, hommes de ce siècle, ne copions

pas servilement nos devanciers, mais gar-
dons-nous bien de démolir sans réflexion
tout ce qu'ils ont édifié, rien que pour la
satisfaction stérile de rebâtir à gauche ce
qu'ils avaient construit à droite !

CHAPITRE VII

—

Voilà des grands hommes qui datent d'avant 1789 : Donc, c'est être par trop candide que de croire sérieusement, comme tant d'ignorants, entretenus dans ces idées par des gens qui les dupent, *en mettant la lumière sous le boisseau,* que les progrès dans les sciences, comme dans les faits, datent seulement de la Révolution.

Deux ou trois exemples, car nous désirons arriver au plus vite possible au cœur même de notre sujet : Le progrès et l'apparence du progrès, que nous ne perdons pas de vue, mais que nous sommes obligé de préparer peu à peu dans les esprits, par ces dissertations que, si modestes qu'elles soient, nous croyons supérieures à des préambules plus ou moins fastidieux.

Donc, trois exemples, pour corroborer notre dire : Au douzième siècle, s'il vous plait, Louis VI, dit le Gros, rendit une ordonnance portant affranchissement des communes ; au seizième siècle, Louis XI fut le premier organisateur des postes, du service des lettres des particuliers par diligences ; Louis XIV, sous l'inspiration de Colbert, rendit en 1681 une ordonnance fameuse sur la marine marchande dont notre code de commerce actuel s'est emparé et dont il applique chaque jour les judicieux effets.

Une nation, à travers les âges, est une longue série d'anneaux se reliant les uns aux autres : brisez-en un, la chaîne se rompt, et le présent sorti du passé, comme la fleur sort de sa corolle, ne peut plus s'expliquer, ni se faire aimer, par la comparaison, dans ses lignes générales !

Insensé qui ne comprend pas que le *mieux* actuel est la fusion des faits antérieurs, dégagés de leurs scories, et mélangés purifiés au sortir du creuset des siècles passés !

Oui, tout n'était pas détestable autrefois ; allons plus loin, et disons que, sur certains points, en remontant à deux pas, d'ailleurs, — c'était hier — vers les années 1797 et suivantes, nous gagnerions à ne pas défaire ce que nos pères ont édifié de solide !

CHAPITRE VIII

Descartes et Leibniz étaient spiritualistes, ils croyaient à un créateur d'infinie perfection, sans lequel il est impossible d'expliquer l'univers, avec les lois qui le meuvent, toujours identiques à elles-mêmes, selon les circonstances ambiantes.

Et pourtant l'esprit humain émerveillé, réuni en pensée à cet *idéal*, grâce à ces athlètes de la philosophie, ne peut pas, malgré lui, leur accorder son enthousiasme tout entier.

Ils ont soulevé un peu le voile lourd et lumineux de constellations qui cache la Divinité ; ils n'ont pu arriver à le soulever tout à fait, pour montrer Dieu lui-même à la raison prosternée !

Ils ne le pouvaient pas !

Pourquoi? Parce que si l'Inconnu, maître de l'univers se démontre à la raison, il n'apparaît dans sa vraie lumière qu'aux yeux seuls de la Foi !

Cette dernière pensée évoque inéluctablement l'idée de religion, car puisque Dieu, existe, il est notre père, et comme *tel*, il a droit à nos hommages.

Quelle religion demandera-t-on.

Quelle religion ?...

N'importe laquelle, sous ces deux conditions : 1° Qu'elle ait un nombre appréciable de fidèles ; 2° La foi à la base et le Créateur au faîte.

Cette définition répond à la situation des trois religions existantes de fait en France, et naguère reconnues par le Concordat de 1801.

Montesquieu — encore un homme d'avant 1789 — écrivait sous Louis XV, dans son *Esprit des lois*, qu'il est impolitique d'accueillir des religions nouvelles, dans un pays où elles ne sont pas acclimatées, mais qu'il faut maintenir celles qui y sont adoptées.

En effet, quand des religions, bien loin de troubler l'ordre dans une nation, sèment de la pacification dans les esprits à pleines mains, quand elles sont des *réformatrices* des vicieuses pensées, il faut les conserver, et bien se garder de leur susciter des concurrentes jalouses, envieuses et haineuses !

Tolérance, avant tout, sans aucun doute, mais tolérance qui ne soit pas doublée

d'une faiblesse imprudente envers des nouvelles venues qui, d'après les prévisions,
auraient tôt fait de mettre les anciennes
installées et adoptées à la *porte !*

Ote-toi de là que je m'y mette !

Pauvres de nous !

CHAPITRE IX

Le Concordat de 1801, abrogé en 1905, a duré un peu plus d'un siècle, et l'on peut dire sincèrement que pendant ce laps de temps, il a procuré la paix religieuse à ce pays.

Les curés n'essayaient pas de s'introduire furtivement dans la synagogue pour y célébrer leurs messes ; les rabbins d'apparaître tout à coup, comme des jouets mécaniques, au fond d'une chaire catholique ; les pasteurs protestants de venir confesser dans les églises, ni les abbés de venir jouer de l'harmonium dans les temples protestants.

Le Concordat de 1801 intervenu entre le Premier Consul et Pie VII, a, cela va sans dire, été revêtu de leurs signatures, celle du premier, représentant et engageant la France ; celle du second, représentant et engageant l'Eglise.

Concordat ! Quel noble nom ! Il signifie : Accord cordial.

Nul n'ignore que d'après les règles du droit international public, les nations, entre elles, doivent dénouer d'accord les engagements réciproques qu'elles ont pris volontairement.

Or, la dénonciation du Concordat n'a pas été signifiée à Pie X, et un protestant de grande envergure, M. Ribot, s'est honoré en faisant remarquer à la tribune qu'il eût été de convenance de le faire et de traiter avec le Saint-Siège des modalités adoucies qu'on aurait dû apporter à un acte aussi grave.

Les gouvernants seront bien inspirés en

revenant à des mesures plus tempérées à l'égard des membres du clergé Français et de leur représentant.

Point n'est besoin d'avoir de billet de confession dans sa poche, ni même d'aller fréquemment à la messe — nous n'y allons que le jour de Noël et le jour de Pâques — pour énoncer de telles idées ; il suffit simplement de ne pas renier sa religion, d'être un ami de la tolérance religieuse, sainement interprétée, et de comprendre que les gens d'église qui enseignent aux enfants la charité, la morale et la vertu, ne peuvent pas, sans une injustice *hideuse*, être confondus avec des êtres nuisibles !

Il suffit de se rappeler — l'histoire en mains — que le Christianisme et le Catholicisme — c'est tout un — ont fait la civilisation !

Franchement, à voir des actes politiques aussi mal conduits, l'on serait tenté de croire qu'en France, les gouvernements à forme républicaine, ont une tendance marquée à se laisser guider par le parti-pris et à imposer leurs volontés, alors qu'il serait de l'intérêt bien compris de la République de se faire aimer plutôt que de se faire redouter de cette croyante fraction de citoyens, ou si l'on veut, de désarmer par une absolue *justice* les antipathies qu'elle suppose, à tort peut-être, aux dirigeants du monde religieux.

Est-ce que d'aventure, nous ferions seulement des phrases creuses dans cette question ?

Non ! Nous faisons du *droit*, et du plus logique !

Qu'on y songe : La *convention* bilatérale concordataire, intervenue entre le Premier Consul et le Pape Pie VII le 26 messidor

an IX, puis suivie de la loi du 18 germinal
an X, ce pacte, disons-nous, a été expres-
sément ratifié jusqu'en 1905 par les divers
gouvernements qui se sont succédé depuis 1870 par l'application et l'exécution
fidèle qu'ils en ont faite.

Cette ratification équivaut évidemment à
la signature du Premier Consul, par suite la
République avait fait *sien* le pacte dont il
s'agit.

Or, dans le pacte originaire de 1801, il y
avait *deux* hautes parties contractantes,
réciproquement créancières et débitrices
l'une de l'autre, créancières à tels égards,
débitrices à tels autres égards !

Qu'est-ce à dire, si ce n'est qu'un tel accord ne pouvait être rompu ou résilié que
par un accord contraire !

Et comme il y a deux parties, il faut
deux volontés dans le même sens !

Or, nous voyons bien la volonté de rompre, mais nous ne la voyons que dans un *seul* contractant, et vraiment, cela n'est et ne saurait être suffisant !

En droit civil *privé*, entre particuliers, voilà le droit, et nous ne percevons pas pourquoi ce qui est *juste entre citoyens*, cesserait de l'être en droit international *public*, c'est-à-dire entre nations ou *pouvoirs*, représentés par des souverains ou par des chefs d'Etats ?...

CHAPITRE X

———

UNE DEUXIÈME DIGRESSION

———

MÉLANCOLIE

Comme une source bouillonnante
Tombant de haut sur un rocher
Emporte au loin la pauvre plante
Qu'elle vient de terre arracher,
Le bras dur de la Destinée
Déracine tous les humains
Par lui fauchés sous sa cognée
Malgré leurs pleurs et leurs cris vains !

Nous passons, mais dans la nature
Persiste un cadre permanent,
Car toujours verte est la ramure,
Toujours cintré le firmament ;
Et si par jour se renouvelle
Dans un fleuve la nappe d'eau,
Il se trouve une onde nouvelle,
Mais non pas un fleuve nouveau !

Décors s'effacent, le fond reste
Dans cet immense Universel ;
Même quand nous changeons de geste,
L'esprit est fier et personnel !
L'humanité, toujours pareille,
Malgré ses évolutions,
Ne sera jamais la merveille,
Que proclament les histrions !

Egoïste et l'esprit plein d'ombre,
L'homme, à peine, voit le progrès ;
Aveugle, il dit pensif et sombre :
Mon code à moi, c'est le succès !
Tout pour moi seul, rien pour les autres !
Quel triste cri de ralliement !
J'aime mieux les premiers apôtres
Qui prêchaient fraternellement.

Le progrès pour l'âme virile
Naît de l'amour de l'*Idéal* ;
Mâter notre orgueil fait d'argile,
S'élever dans l'ordre moral !
Fraternité pour son semblable,
Respect à la propriété.
Respect au pauvre, au misérable,
S'il est rempli de probité !

Dix... cent... mille... combien encore,
Meurent dans cet instant qui fuit ?
Tout change, et sous un pic sonore
Le mur vieilli croule avec bruit !
Après huit ou dix ans d'absence,
L'on revient au pays chéri :
Est-ce un rêve ou bien la démence ?
Où donc est le sentier fleuri ?...

Je voudrais revoir le mur terne
Que tapissait un lierre vert ;
Il longeait la vaste citerne
Où l'eau s'endort à ciel ouvert ;
Je cherche en vain les ajoncs jaunes
Couronnant son faîte branlant !
Je pleure et mes yeux sont atones,
Car il me vit jouer enfant !

On l'a jeté bas : A sa place
Se dresse neuve une maison.
Et des ajoncs d'or plus de trace,
Mais des fenêtres, un balcon.
Autour de nous tout se transforme
Sans consulter notre vouloir,
Nous nous agitons pour la forme,
Et nous mourrons sans rien *savoir !*

CHAPITRE XI

RÉSUMONS :

Produire des ouvrages remarquables, destinés à élever le niveau des esprits comme en ont produit Descartes, Leibniz, Montesquieu — c'est un progrès.

Avoir affranchi les communes, comme Louis-le-Gros : — Progrès.

Avoir été le premier créateur de la poste : — Progrès.

Avoir rendu une ordonnance fameuse, comme celle de 1681, sur la marine marchande : — Progrès.

Et le code civil de 1804 donc, résumé de la science juridique des siècles passés : Progrès.

Mais, avoir pris des mesures mal étudiées, comme celle de la séparation des Eglises et de l'Etat, — c'est un faux progrès !

Avoir porté atteinte à la liberté des familles, au sujet du choix d'enseignement religieux à donner à leurs enfants — faux progrès !

Saboter par la loi du 9 avril 1898 le code civil dans ses principes essentiels — faux progrès !

Des *apparences* de progrès, décorées du beau nom de progrès, hélas, nous pouvons en énumérer encore.

Qui ne sait que les auteurs bien intentionnés, parfois très instruits, des manuels civiques en usage dans les écoles primaires laïques, n'ont pas toujours eu le tact nécessaire dans leurs écrits pour l'enfance ?

Sans doute, il est utile et généreux d'inculquer à la jeunesse des sentiments de fraternité pour tous les hommes, même pour ceux qui sont d'un pays étranger ; sans doute, il est beau de pénétrer leurs âmes de vœux ardents pour qu'un avenir prochain apporte la cessation des luttes à mains armées, mais encore faut-il que cela soit exprimé avec mesure, avec tempérament, avec une réserve profondément triste, mais sincère et vraie, faisant comprendre à ces enfants qu'entre deux peuples dont l'un connaît la *civilisation* et dont l'autre est encore dans une *demi-sauvagerie*, il y a de gros risques pour que la guerre éclate entre eux, notamment s'ils sont voisins.

Cela, mais c'est notre aventure au Maroc !

Ces réserves faites, ces manuels devraient ajouter que dans un cas pareil, tant que la lutte dure et est ouverte, tant que le différend n'a pas cessé, le devoir humanitaire cesse, pour faire place au devoir envers le drapeau, envers la Patrie ! Bien entendu. pitié pour les vaincus, quand ils demandent *l'aman !...*

Il ne faut pas, encore une fois, incriminer les auteurs de ces manuels. ils ont cru bien faire, mais les *supplier* de tenir compte, le cas échéant, des observations que nous venons d'énoncer.

Ces réflexions, on le voit. sont faites sans exagération...

Qu'on y songe bien : M. Bocquillon, instituteur lui-même, frappé des mêmes *outrances* d'humanitarisme de quelques-uns de ces manuels. et en ayant constaté les résultats fâcheux d'indifférence pour le pays, s'est élevé contre ces imprudences déclamatoires dans un ouvrage qui a fait sensation : « *La crise du patriotisme à l'école* » !

CHAPITRE XII

Le présent est gros du passé d'une façon *absolue*, quelle que soit la date d'antériorité de ce passé.

Même sous nos anciens rois, on *légiférait* avec l'aide du *Conseil du roi*, qui de nos jours s'est transformé administrativement en *Conseil d'État*, cette Cour suprême de nombreuses matières administratives. Des ordonnances royales avaient bien force de loi, mais le *Conseil du roi consulté*.

Remontons seulement jusqu'au premier Empire, à l'année 1810, si l'on veut bien, en ce qui concerne les ateliers dangereux, insalubres et incommodes.

A partir du décret réglementaire du 15 octobre 1810, lui-même mieux avisé que les précédents sur pareilles matières, l'on compte sur ce sujet une douzaine environ de décrets règlementaires ; les plus récents datent de 1901, 1902 et 1903.

Incontestablement, tous ces décrets successifs sont des progrès s'accentuant avec les années.

C'est ainsi que nous saluons, comme un progrès encore, une loi du 2 novembre 1892 sur le travail des femmes, même *majeures*, des mineurs des deux *sexes*, de 18 à 21 ans, et des jeunes filles mineures de 18 à 21 ans également, dans les ateliers de toute nature, notamment dans les *ouvroirs* laïques ou religieux, tenant des ateliers de *couture*.

Nous approuvons sans réserves — de fait ou de droit — au règlement d'administration publique rendu en exécution de cette loi !

Ce règlement veut que les enfants, souvent des garçons orphelins ou des jeunes filles, sans père ni mère, ne soient pas toujours employés aux *mêmes* travaux, de manière que les apprentis-tailleurs ou les apprenties-couturières apprennent la *totalité* d'un métier qui les mettra plus tard à l'abri du besoin. Il ne faut pas que les uns ou les unes fassent toujours, uniformément, des boutonnières de chemises ; les autres, toujours les poignets ; les autres, toujours les devants. Il faut que de temps en temps, ils varient d'une spécialité à l'autre. De cette façon, ils apprendront une *industrie*, et sortis de l'atelier ou de l'ouvroir religieux à leur majorité, ils sauront quelque chose.

Sages mesures !

Hélas, nous en rougissons pour certaines congrégations de femmes qui tenaient des ouvroirs d'orphelines, ces prescriptions ne furent pas observées par leurs supérieures, et les tribunaux furent obligés de sévir, non pas par des amendes très fortes individuellement, mais multipliées, et l'on sait que les multiplications peuvent faire des totaux appréciables... Autant de contraventions renouvelées, autant d'amendes.

En principe, pourtant, — en dehors des questions d'hygiène des ateliers, et de la surveillance du travail des mineurs des deux sexes dans les ateliers — l'Etat doit se montrer sobre d'interventions légales dans les questions du travail des ouvriers.

Par définition, il est incompétent dans de telles questions ; par suite, en y mettant le doigt, il court le risque de se le faire prendre dans l'engrenage et de ne plus pouvoir l'en retirer.

Qu'on laisse donc les ouvriers et les patrons s'arranger ensemble : L'Etat a autre chose à faire !

En cas de désaccord entre eux, des comités de techniciens pris dans les rangs des uns et des autres sont seuls aptes à trancher la question, pourvu que les patrons veuillent bien y mettre de la bienveillance, et les syndicats de l'impartialité.

Ainsi, la division du travail, si sagement interdite aux mineures des ouvroirs laïques et religieux, serait une interdiction absurde de la loi et une atteinte à la liberté de l'industrie — même à la liberté du travail — si elle l'interdisait aussi aux majeurs des deux sexes, dans tous les ateliers et manufactures.

Sans la division du travail, qui permet de produire plus vite et mieux, à la main-d'œuvre plus habile, puisqu'elle s'exerce sans cesse dans une spécialité, il est des chefs d'industrie qui, ne faisant plus leurs frais, seraient réduits à mettre leur clé *sous la porte*...

Un exemple probant : Un seul ouvrier *travaillant seul* pourrait tout au plus confectionner deux cartes à jouer par jour ; trente ouvriers faisant le même travail, *divisé* pour chacun, en parties toujours les *mêmes*, peuvent en produire *quinze mille* environ par jour.

Dans le cas de non-division, ces trente ouvriers produiraient *soixante* cartes.

Et nunc erudimini... lectores qui legitis me !

CHAPITRE XIII

L'Etat !

Quel est donc son rôle principal ?

L'Etat, nommé aussi le Pouvoir exécutif, a la mission générale d'assurer l'ordre dans la rue, et d'exécuter scrupuleusement les décisions de la loi, représentée par le Pouvoir judiciaire, formé de la collectivité des juges en toute saison, — et des jurés, quand ils siègent.

La loi ! Quelle noble entité, si elle était toujours, comme les écrivains probes des temps romains le voulaient, l'expression écrite des règles du juste, de ce qui est juste, gravées dans la conscience humaine !

Mais laissons cette épineuse question...

Ce qui est hors de controverse, c'est que

si quelqu'un doit donner l'exemple de la soumission à la loi, c'est le Pouvoir exécutif, dans la personne du chef de l'Etat, puisque, de par la Constitution, il est chargé de faire *exécuter* la loi.

Or, comment se fait-il que depuis quelques années, la loi — *la juste loi !* — ne soit pas appliquée aux assassins ?...

Que signifie cela ?

Les assassins sont *toujours* graciés ; décidément, c'est un *système !*

Eh bien, ce système est incompréhensible, démoralisateur et périlleux !

Les assassinats devenus plus fréquents, depuis que la loi est *paralysée* pareillement, malgré les *clameurs* indignées des jurés, attestent que cette méthode étrange est indigne d'une nation *civilisée !*

La France est une nation éclairée, elle n'est pas une agglomération de sauvages ou de cannibales, elle se meut dans un siècle où l'instruction est répandue à profusion ; ceux-là donc qui se livrent à leurs instincts sanguinaires n'en sont que plus coupables !

Il est temps que des vieillards qui ont travaillé toute leur vie, et qui ont consacré une partie de leur avoir dans une modeste maison, puissent y vivre isolés, sans courir le risque d'y être assassinés et volés !

Voilà de la saine démocratie, démocratie d'autant plus intéressante que les humbles qui la composent ne sont pas assez fortunés pour avoir un factionnaire sur le seuil de leur demeure...

Eh ! en outre, qui donc ignore qu'un assassin gracié — sans mûre réflexion — a parfois commis à la Guyanne un nouvel assassinat, sur la personne d'un gardien, père de famille ?

La grâce devrait être *l'exception*, et non pas la règle.

Oh! nous prêtons au Chef de l'Etat les plus beaux sentiments, en une telle occurrence ; seulement, nous estimons avec les jurés, qui *protestent* de toutes parts, qu'ils sont mal placés...

Ce *geste* de grâce, trop souvent renouvelé, n'est vraiment pas *humanitaire*, car il peut engendrer de nouvelles victimes...

Ce geste, mal inspiré, est sans doute dicté par le *dégoût* de voir du sang répandu ; hélas, il ne peut contribuer qu'à en faire verser du nouveau !

C'est une apparence de progrès — c'est du faux progrès ! — Faites des grâces de temps en temps ; ne généralisez pas les grâces en vue de sauvegarder les vivants par la crainte du châtiment suprême inspirée aux malfaiteurs !

CHAPITRE XIV

———

Depuis une quinzaine d'années, on a lancé en circulation, on a mis à la mode un nouveau jouet mécanique : C'est l'impôt sur le revenu. Positivement : Ça *mécanise !*

Cet « on », pronom indéfini, dissimule, sous un vilain masque, les bateleurs, les aigrefins, les avaleurs de sabres qui *foisonnent* en notre pays de France, et qui tiennent absolument à faire *notre bonheur*, malgré nous.

Voici en raccourci — comme devrait l'être tout assassin — sauf de rares exceptions — la grande ligne de ce projet fameux dont s'occupe en ce moment le ministre des finances Caillaux, qui est *maintenant* un partisan *résolu* de l'impôt sur le revenu, alors qu'il en était l'adversaire *acharné* il y a quelques années : On abolirait les impôts directs actuels « tout en gardant les impôts indirects, pour sûr », et on remplacerait les impôts directs par un impôt sur le revenu, ou mieux sur les revenus, sauf, croyons-nous, les tout petits revenus.

Ce ne serait pas un impôt *progressif sur le revenu,* parce qu'il serait excessif et aboutirait à une confiscation déguisée, mais ce serait un impôt à *échelle.*

Par exemple, sur un revenu montant à trois mille francs, ou, c'est la même chose, sur une addition de revenus séparés s'élevant à pareille somme, on aurait un tantième pour cent à verser au fisc, sur un excédent de revenu, ou de revenus, de trois mille à six mille francs, un tantième pour cent plus élevé, et ainsi de suite.

Au premier abord — pour les naïfs qui

ont l'admiration et l'attendrissement faciles
— ce projet de système fiscal fait pleurer
d'aise : Oh ! ma tante, que ce sera beau ;
ce sera de la justice distributive : ça retom-
bera sur les riches, ça sera plus juste que
maintenant.

Douce candeur !

Les réflexions abondent : Premièrement :
Même à supposer par impossible que les
riches s'en tireraient sans écrasement, la
justification d'un impôt conçu sur cette
base n'en ressortirait pas.

Pourquoi ?

La réponse va de soi : Parce qu'on s'enrichit pour soi-même, si l'on est seul au
monde, chose rare, ou bien pour sa famille ;
l'on ne s'enrichit pas dans le but de se
rendre agréable au fisc !

Si l'on a gagné dix, quinze, vingt, trente
ou quarante mille francs de revenus, au bout

de quarante ans de travail dans un commerce fait honnêtement, on les a bien acquis pour *soi*, et le fisc n'a pas le droit d'en accaparer une forte partie à son profit par une confiscation *dissimulée* sous un impôt excessif;

Deuxièment: Un Etat *démocratique* comme le nôtre, dont les représentants actuels prêchaient l'économie à l'Empire, n'a pas à montrer de gloutonnerie, rien qu'à flairer les revenus des contribuables, qui ne sont plus *corvéables à merci*;

Troisièmement: Les impôts directs actuels organisés par la grande loi du 3 frimaire an VII, et par les lois postérieures s'échelonnant de distance en distance jusqu'à nos jours, les impôts directs actuels, disons-nous, qui rentrent avec facilité dans les caisses de l'Etat, sans indiscrétions des agents de la fiscalité envers les contribuables, répondent suffisamment à cette idée, juste en soi, quand elle est pratiquée dans des limites modérées, que plus on a de bien-être, plus la contribution doit être élevée.

Démontrons-le :

D'abord, l'impôt foncier des terrains non bâtis, est déjà basé sur le revenu : Art. 56, loi frimaire.

Voilà un riche contribuable, c'est un industriel ou un commerçant, peu importe.

Examinons quel va être son modus vivendi :

Bien loin de coucher dans un galetas ou dans un hangar peu chargé d'impôts, il couchera, comme beaucoup d'entre nous, dans un appartement, s'il est à Paris ou dans une très grande ville, ou même, autre part, dans une maison occupée par lui seul.

Sûrement, l'appartement ou la maison

aura un grand confortable, du luxe parfois, avec de hautes et nombreuses fenêtres.

Regardez sa feuille d'impositions : Vous y lirez qu'il est imposé, pour le principal, *d'après la valeur locative* du domicile qu'il occupe, sans compter les impôts supplémentaires, notamment les impôts du fond, s'il est propriétaire, et, aussi s'il occupe sa maison, l'impôt des *portes et fenêtres*, impôt qui augmentera avec le nombre de ces ouvertures, car, sauf conventions contraires, cet impôt est recouvré par le propriétaire sur le locataire.

Il y a pis : Il sera également imposé pour son domicile industriel ou commercial, si ce domicile spécial est séparé de son domicile privé, sans préjudice de la patente dans tous les cas.

Je passe, vous permettez, sur les nombreux impôts indirects qu'il aura aussi à

acquitter: Chevaux, chiens, voitures, auto-
mobiles, billards, etc.

On le voit, pas un de ses revenus qui ne
soit atteint par le fisc, d'une façon quelconque.

Parfaitement: Revenus ou revenu, car
toutes ces impositions directes, ou taxes
indirectes, que nous venons de relever, se
paieront, je le suppose bien, non pas avec
l'air du temps, mais avec le revenu de notre
contribuable.

Donc, son revenu est atteint, dans des
limites plus élevées que ne le serait celui
d'un autre contribuable qui vivrait dans
un domicile d'une valeur locative deux,
trois, quatre ou cinq fois moins élevée!

Que veut-on de plus?

Pourquoi changer tout cela?

Pourtant, la loi du 3 frimaire an VII, ou

du 28 novembre 1798, est logique et pleine de clarté.

C'est un progrès!

Quant à l'impôt foncier sur les terres, sur les propriétés non bâties, basé sur le principe de l'article 56 de la loi de frimaire an VII, comme l'impôt du fond des terrains bâtis, était assis lui-même sur le principe de l'art. 82 de la même loi, quant à l'impôt des terrains non bâtis, disons-nous, évalué d'après le rendement moyen classifié, selon la nature des terres labourables ou plantées, en tels ensemencés ou en telles plantations, il laisse un petit peu à désirer, c'est vrai, parce que les contenances ont pu quelque peu varier, en augmentant ou en diminuant, depuis la confection du cadastre, mais quoi! Il nous paraît que la loi du 17 mars 1898 suffit à ce sujet: Les communes ont faculté de contribuer à la réfection du cadastre.

Ce qu'il y aurait seulement à faire au sujet de cet impôt, ce serait d'en établir l'égalité ou la *péréquation* dans tous départements et de le réduire partout au minimum du tantième pour cent le plus avantageux pour les contribuables, riches ou demi-riches, pauvres ou demi-pauvres !

Pour l'impôt foncier sur les propriétés bâties, il est modifié par une loi de 1890 qui le tarifie à 3,20 pour cent de la valeur du loyer.

Voilà qui serait un progrès : Dégrever tous les contribuables indistinctement, les plus pauvres comme les plus riches, et faire du même coup de sages économies dans les dépenses du budget de l'Etat ; c'est la raison pourquoi personne ne parle de cette rénovation. — côté des réformistes !

M. Caillaux affirme que le changement dont il s'occupe, ou dont il a été chargé, n'occasionnerait aucunes tracasseries aux contribuables de la part des agents du fisc.

Vraiment ?... Quel paradis : Plus de partialité contre les *suspects* de richesse ou même de bien-être, richesse ou bien-être, — gagnée honnêtement le plus souvent, — et *d'arrache-pied*, après trente-cinq ou quarante ans de labeurs dans le commerce ou dans l'industrie.

Où sera donc, alors, dans le système dont on l'a fait le protagoniste — convaincu, d'ailleurs, bien que récent — le *signe* de la prospérité, en ce qui concerne un contribuable dénué de propriétés bâties ou non bâties ?

Actuellement, ce signe s'induit de la valeur locative de l'habitation, toujours facile à contrôler par les baux, ou par les usages des lieux.

Par le changement projeté, l'impôt atteindra le revenu *directement*, mais comme les revenus ne se lisent pas en lettres typographiques sur le front des contribuables, force leur sera d'en déclarer au fisc le montant annuel.

M. Caillaux insinue, et déclare même sans ambages, que les représentants du Trésor se contenteront de cette déclaration...

Nous voulons bien le croire, mais comme les revenus peuvent varier, très souvent, *à perte*, pour qui les possède, il serait obligatoire, dans ce dernier cas, au bénéficiaire en déficit, momentanément ou irrévocablement, de mettre le fisc au courant de ses mauvaises affaires — *ce qui pourrait accentuer* sa demi-ruine, afin d'être dégrevé... Et voilà ce qu'on ose appeler une réforme ?...

Allons donc, c'est simplement une déformation, mal déguisée sous de vilains oripeaux...

CHAPITRE XV

———

Nous sommes au cœur de l'hiver 1907 au moment où nous écrivons ces lignes.

Tiens, voilà encore une digression, on nous la permet.

Lamartine, en parlant du temps, dont la durée est infinie, l'a comparé à un océan.

Le doigt sur la lyre, il s'est écrié dans la plus belle strophe de sa plus belle méditation :

Ainsi toujours poussés vers de nouveaux rivages,
Dans la nuit éternelle emportés sans retour,
Ne pourrons-nous jamais sur *l'océan des âges*,
Jeter l'ancre un seul jour ?

Splendide métaphore !

En effet, comme nous nous mouvons dans l'espace et dans le temps, ces deux

cadres de l'existence, de la vie, et comme
ni l'espace ni le temps n'ont de limites,
comme ils sont infinis, le présent qui fuit
sans cesse, n'existe pas pour nous, — pour
nous, emportés sans retour, vers un port
inconnu !

En envisageant les choses plus terre à
terre, en les restreignant à cette vie, qui,
elle, a ses limites, et qui, par suite, doit se
mouvoir dans un cadre déterminé, ne pour-
rait-on pas aussi comparer la vie à une
nacelle voguant, mais dans un rayon déterminé, dans un cercle connu d'avance, mais
non pas en droite ligne, sur la mer illimitée
des âges ?

Dans cette compréhension, les quatre
saisons seraient comme des promontoires
infinis en longueur, coupant cette mer
immense, auxquels notre nacelle aborde-
rait à des époques déterminées ?

Si l'on accepte cette interprétation, nous disons volontiers que plus l'hiver s'avance, plus nous apercevons du pont de notre esquif, sortant peu à peu de la mer des âges, au loin du promontoire que nous cotoyons en ce moment, le port de l'été, le port des beaux jours, planté d'arbres verts remplis d'oiseaux, où nous sommes désireux d'aborder...

Le ciel bleu tendre de la Savoie — nous englobons sous cette appellation les deux départements — a des éclats si doux en l'estivale saison, les végétaux y reluisent d'une si jolie demi-teinte! La fin d'un beau jour d'été tombant sur le lac de Genève, y laisse dans l'âme des impressions d'une si avérée douceur mélancolique!

Tenez, nous retrouvons dans nos notes, une poésie, vieille déjà d'une année, par nous composée en l'été 1906, dans une villa de la Tourronde, après avoir contemplé d'un balcon de cette villa qui a vue sur le lac Léman, encadré de montagnes revêtues d'un manteau de soie verte, un soir qui, peu à peu tombait et assombrissait l'atmosphère sous son crayon demi-noir...

Crépuscule d'été sur le lac de Genève

Août 1906.

Mouettes argentées,
Par les airs balancées,
Effleurez tour à tour le lac aux tons changeants
Ou montez dans l'azur avec des cris perçants !

Parfois, quand du Léman la surface bleuâtre,
Que fonce par endroits une teinte verdâtre,
Prend l'immobilité d'un grand lac endormi
Auquel a fait répit un zéphir assoupi,
En cercle vous venez vous reposer sur l'onde :
Tels des œillets blancs sur un liquide monde !

Mais quand par l'aquilon le Léman soulevé,
Creuse des trous béants, par la vague est gonflé,
Oiseaux légers, oiseaux amis de ces parages,
Sans crainte vous défiez l'ouragan, les orages,
En planant sans effort dans un vol gracieux
Au-dessus des flots noirs, hagards et furieux !

A l'heure du silence, au pâle crépuscule,
Quand on descend un mont au pas sûr de la mule,
Au déclin d'un beau jour à l'horizon saignant
Sous le dard courroucé d'un soleil expirant,
Avec vous je voudrais, amis de votre race,
M'envoler dans l'air pur et parcourir l'espace !

Sous le voile du soir, les monts sont effacés,
Ont perdu leurs contours, et dans l'ombre entassés,
Paraissent des Titans vaincus dans leur jactance !
Déjà, pointe une étoile en or, là-bas, dans l'anse,
Et dans un court moment, la nuit chère aux ténèbres
Cheminera sur char aux couleurs funèbres !

Sous le fond d'un ciel clair, dans un air obscurci,
L'on voit à peine au loin, sur l'élément noirci,
Une petite barque et sa mâture grise :
On dirait quelque Dieu du Léman, ô méprise,
Cherchant au sein des eaux sa compagne Ranzur
Pour ensemble rentrer dans leur séjour obscur !

Les peupliers géants, à la cime courbée
Doucement par le vent plus frais de la soirée,
Immobiles témoins, au rivage enchaînés,
Devant cet horizon semblent des prosternés !
Peut-être songent-ils : Ici-bas, tout s'écoule
Comme au sortir d'un lieu s'évapore une foule !

Un..., deux..., trois diamants ont percé le ciel pur
Timidement, lointains, dans ce profond azur ;
L'on pressent que la nuit va tôt entrer en scène,
Son front grave enserré, comme en un diadème,
Par un cercle en topaze entré dans ses cheveux,
Étincelant, superbe, illuminant les cieux !

Écoutez : L'on entend dans l'air frais qui résonne,
Plus d'un long bêlement, si doux qu'il en étonne,
Les oiseaux attentifs, dans les arbres cachés,
Modulent doucement des chants mieux inspirés,
Car c'est l'heure où partout du sein de la nature
S'élève une prière en un confus murmure !

Effleurez tour à tour le lac aux tons changeants,
Ou montez dans l'azur avec des cris perçants,
Mouettes argentées
Dans les airs balancées !

CHAPITRE XVI

Mais dira-t-on, peut-être, si l'on ne peut
soutenir que, pour la France, tous les
progrès apparaissent seulement à partir
de 1789, Il faut avouer qu'en Descartes, en
Leibniz, en Montesquieu, en la loi du 28
novembre 1798, l'on ne trouve qu'un passé
relativement récent ; il faudrait voir la
philosophie d'un passé remontant beaucoup
plus haut !

Parlez-nous de huit cents ans en arrière !

Sapristi, qu'est-ce que ce devait être ?...

Un fouillis d'erreurs en partie, c'est vrai,
mais non pas en totalité !

Dans ces ténèbres mêmes, des points
d'aube naissaient : dans cette nuit, ou plutôt
dans cette demi-nuit du douzième siècle,

déjà en progrès sur les siècles précédents, et dont nous allons parler, des lueurs de vérité *doraient* l'ombre des esprits.

Au douzième siècle, la philosophie scolastique était représentée, notamment, par trois écoles qui jetèrent un vif éclat : Les *réalistes*, les *nominalistes* et les *conceptualistes*.

Exhumons avec respect de la poussière des siècles écoulés, et examinons avec attention les doctrines divergentes de ces écoles.

Ensuite, en donnant modestement notre avis, nous dirons quelle est celle qui nous semble avoir la vérité scientifique en sa faveur.

Les réalistes, penchés sans cesse sur les mystères de l'ontologie, sur cet ensemble d'êtres organiques de la nature, animés ou non animés, avaient constaté, ce qui d'ailleurs est d'évidence, que parmi cette multitude d'êtres : Individus du règne animal, végétal ou minéral, beaucoup, pris un à un, ne se ressemblaient pas, mais offraient entre eux des particularités.

Ils s'étaient avancés plus avant encore : Ils avaient constaté que sur des quantités plus ou moins nombreuses d'*êtres* appartenant à l'un des trois règnes, n'importe lequel, il se trouvait des types semblables à d'autres types du même règne, mais dissemblables à d'autres types faisant partie de la même famille.

Partant de là, ils enseignaient que les idées universelles que l'entendement humain se fait sur les choses, sur les êtres, correspondent à des objets réellement existants, puisque, pour que l'esprit humain ait l'idée universelle de genre, — de genre renfermant une collection de groupes de types individuels, groupes se reliant entre eux par des ressemblances générales, mais se désunissant par des dissemblances de groupes à groupes, il faut qu'il ait contrôlé et appris qu'on peut coordonner de telles collectivités, et les cataloguer en genres, en espèces, voire même en sous-espèces.

Avec une logique savante, mais trop implacable peut-être, ils affirmaient qu'au regard de l'ontologie, il n'existe de réels que les genres et les espèces, parce qu'en définitive, il n'y a pas d'individu, dans le sens du mot propre, tout individu pouvant être relié à une espèce ou à un genre.

Guillaume de Champeaux, mort en 1121, était le défenseur le plus décidé de la réalité des genres et des espèces.

Il soutenait que les individus se distinguent par la diversité des accidents, des attributs secondaires qui sont en eux, mais non par la diversité *d'essence* commune à tous ceux faisant partie d'un même genre, ou d'une même espèce.

Nous rappelons que par individus ou êtres, l'on n'est pas tenu de comprendre un être... animé : un morceau de cuivre quelconque, un cheval, un morceau de bois, soit dit encore à titres d'exemples, sont des individus dans le système ontologique.

Les nominalistes, adversaires irréductibles des réalistes, enseignaient l'opposé.

Selon eux, les idées universelles s'appliquant à des collectivités : Genres ou espèces, ne s'induisent que des idées particulières s'appliquant à des individus isolés. Ils raisonnaient ainsi :

Pour comprendre l'idée de genre, il faut d'abord étudier les individus, car on ne peut faire des classifications sans faire un tri des individus. La généralisation résulte seulement d'une opération abstraite de l'entendement humain.

Il n'y a donc de réellement existants — animés ou non — que les individus.

Les collectivités — en n'importe quel règne de la nature : animal, végétal ou minéral, ne peuvent être à l'état concret, comme l'est l'individu, comme l'est l'unité, comme est l'un.

Roscelin, mort postérieurement à l'année 1120, a donné un vif éclat à cette doctrine. En résumé, d'une part, les réalistes soutenaient qu'il existe dans l'esprit humain des idées universelles et qu'elles correspondent dans la nature, dans chacun des trois règnes, à des être collectifs existant (ovres), quasiment d'une vie unique ontologique; ils niaient les individus ou les êtres, en tant qu'individus, comme étant reliés à un genre ou à une espèce;

D'autre part, les nominalistes préten-
daient que les idées universelles sont de
vains mots, et qu'elles ne correspondent
pas à des genres existants.

C'est ici le moment de parler d'une troi-
sième école, nommée l'Ecole du conceptua-
lisme.

Pierre Abélard, né en 1079, au Palais,
entre Nantes et Clisson, si connu par ses
malheurs, si célèbre par ses talents, inter-
vint comme chef de cette école renommée
et donna son opinion, qui ne réconcilia pas
les adversaires.

Les idées universelles, ou les *universaux*,
— comme on disait alors —, proclama
Abélard, ne sont ni des êtres réels ni de
vains mots: Ce sont des conceptions basées
sur des réalités individuelles et formant
des rapports entre des types semblables.

Abélard donnait donc tort aux réalistes

sur un point : Les *universaux* ne correspondent pas à des êtres collectifs, mais à
des genres organiques ;

Et aux nominalistes sur un point : Les
universaux, malgré tout, ne constituent
pas de vains mots, puisqu'ils sont le résul-
tat d'une abstraction de l'esprit humain,
basée sur des réalités particulières.

Eh bien ! Il nous semble que la question
est bien tranchée, que la solution est sans
réplique.

Voyons, réfléchissez, que voyons-nous
dans la nature : Des genres organiques ?
Non pas ! Nous ne voyons que des individus !

Voici une foire de bestiaux : il y a deux
mille têtes de bœufs de différents pays ;
que verrez-vous ? des bœufs ! Votre œil ne
verra pas des genres de bœufs ; c'est votre
esprit, par le tri et l'examen méticuleux
qui fera une collection des types pareils

pour en faire un genre. Et cela ne sera pas toujours facile. Il faudra des semaines, et parfois des mois d'études.

Entrez dans une mine cuprifère ; l'exploitation est féconde, l'on aperçoit des filons de tous côtés ; que verrez-vous ? des filons ! Vous ne verrez pas des genres ou des espèces de filons... encore une fois, il n'y a pas, à proprement parler, croyons-nous, des genres organiques vivant d'une vie ontologique collective.

On le voit, Abélard reconnait la réalité des individus, ainsi que la réalité des genres.

Sa doctrine revient à proclamer ces deux vérités : L'erreur des nominalistes provient de ce qu'ils méconnaissent, contre l'évidence même, que tous les individus d'un même ordre ne sont pas uniformes et identiques ; et celle des réalistes que si on peut former des genres et des espèces avec des unités qui se ressemblent, comme l'on en trouve tant dans la nature, il y a pourtant dans chacune des unités qui constituent ces collections ou ces classifications, un *quelque chose en soi,* qui forme leur individu, — qui est l'individu !

Cet enseignement ne joue pas sur des pointes d'aiguille ; il touche, au contraire, aux plus délicates profondeurs de la philosophie : C'est la réfutation du matérialisme déguisé ou inconscient des nominalistes, en même temps que celle du panthéisme voulu ou non, des réalistes.

Grâce à Abélard, les ténébreuses confusions des nominalistes et des réalistes s'évanouissent, et la lumière apparaît, nette et limpide.

Sans doute, il y a de la subtilité dans

cette ontologie du douzième siècle, mais
que de savoir !

Abélard !

Il a rempli le douzième siècle de son
éloquence et de son érudition presque universelle.

A Cluny, petite ville de chef-lieu de can-
ton, près Mâcon, on voit encore le portail,
en bon état, de l'ancienne abbaye dont il
fut le prieur.

Plus large que haut, en forme d'aque-
duc romain, percé de deux larges baies
cintrées, il évoque en la personne d'Abélard, tout un passé de science, de prières et
de larmes !

CHAPITRE XVII

Qu'est-ce que l'école primaire ?

La pépinière, la réserve pour l'avenir des enfants de France.

Quelle méthode y suit-on, en ce qui concerne les questions de religion ?

La neutralité.

C'est une conception qui peut avoir ses avantages, comme autrefois, la prière faite par l'instituteur *laïque*, au commencement de toute classe, pouvait avoir aussi les siens.

La neutralité ne soulève pas des critiques sérieuses, à notre avis, à la condition qu'elle soit sincère et qu'elle ne cache pas l'hostilité sous le manteau troué de la partialité !

Il serait même désirable que dans les manuels de pédagogie, il soit parlé aux jeunes élèves de Dieu dans les termes suivants, pleins de sobriété : La nature est gouvernée par des lois invariables, dans les mêmes circonstances : c'est Dieu qui est le législateur de ces lois, mais il échappe à notre portée.

Rien de plus, rien de moins.

Il serait également souhaitable que l'autorité pédagogique compétente enjoignît aux instituteurs de répondre aux enfants qui les interrogeraient privativement ou en classe, sur la ou les religions, ces simples paroles : La religion ne s'enseigne pas à l'école, mais à l'église, au temple, ou à la synagogue ; y va qui veut, personne n'a le droit de l'en blâmer ; le tout c'est d'être honnête ! N'y va pas qui veut, pourvu qu'il soit honnête aussi !

Parler ainsi, pensons-nous, ce serait éveiller dans l'esprit des enfants, des germes de tolérance bien comprise, les uns pour les autres, non seulement dans le présent, mais encore pour l'avenir!

Ed. Targic.

FIN

P. S. — Nous venons à peine de terminer ces lignes que déjà, à la Chambre, 15 janvier 1908, il est question de discuter prochainement l'impôt sur le revenu : Tant mieux, ce néfaste projet d'impôt sera plus vite *défoncé !*

Il y a un argument écrasant à faire valoir contre cet impôt : Par le temps qui court depuis une trentaine d'années, les fortunes, et en conséquence les revenus, vont en diminuant d'année en année, par suite des spéculations éhontées et effrénées de la Bourse qui ruinent tant de *gogos !* En sorte que, prenons un exemple : Sur dix mille commerçants retirés des affaires, après quarante ans de travail acharné, avec deux cent cinquante ou trois cent mille francs d'avoir, au moment où ils prennent un repos bien gagné, il y en a un *dixième* qui auront perdu la moitié au moins de cet avoir, au bout de quelques années, dans des spéculations *hasardeuses* et insensées, où ils n'entendent rien.

Il faudra donc que ces mille *imbéciles* aillent tous les ans *pleurer* dans le gilet des agents de la fiscalité pour leur raconter leurs pertes d'argent, et par suite l'amoindrissement de leurs revenus, afin de se faire dégrever d'autant!

Voilà qui sera bien agréable pour eux, et surtout pour leurs familles! Ce sera de l'*inquisition*, et de la plus pénible, de nature à accentuer encore leur ruine, par la divulgation de tels secrets!

Quant à ceux, trop rares, qui savent faire fructifier leur avoir, — en s'abstenant soigneusement de tout ce qui est spéculation — la connaissance *exacte* de leurs revenus par un fisc que *cela ne regarde pas*, pourra les faire désigner, un jour ou l'autre, comme des victimes sous la main, à mettre en coupe réglée, comme les *taillables et corréables* à merci de l'ancien temps que nous pensions définitivement passé.

E. T.